Lobos grises

Grace Hansen

Abdo Kids

ANIMALES DE AMÉRICA DEL NORTE

abdopublishing.com

Published by Abdo Kids, a division of ABDO, PO Box 398166, Minneapolis, Minnesota 55439.

Printed in the United States of America, North Mankato, Minnesota.

102016

012017

THIS BOOK CONTAINS RECYCLED MATERIALS

Spanish Translator: Maria Puchol

Photo Credits: iStock, Shutterstock

Production Contributors: Teddy Borth, Jennie Forsberg, Grace Hansen

Design Contributors: Laura Mitchell, Dorothy Toth

Publisher's Cataloging-in-Publication Data

Names: Hansen, Grace, author.

Title: Lobos grises / by Grace Hansen.

Other titles: Gray wolves. Spanish

Description: Minneapolis, MN : Abdo Kids, 2017. | Series: Animales de América del Norte | Includes bibliographical references and index.

Identifiers: LCCN 2016947911 | ISBN 9781624026676 (lib. bdg.) | ISBN 9781624028915 (ebook)

Subjects: LCSH: Gray wolf--Juvenile literature. | Wolves--Juvenile literature. | Spanish language materials--Juvenile literature.

Classification: DDC 599.773--dc23

LC record available at http://lccn.loc.gov/2016947911

Contenido

Lobos grises

Los lobos grises viven en Norteamérica. También viven en Europa y en Asia.

Viven en muchos **hábitats** diferentes. Viven en bosques y en desiertos.

A menudo el pelaje de los lobos grises es de muchos colores. Es de color café, tostado, negro y gris. ¡Algunos lobos grises son completamente blancos!

La cola de los lobos grises es peluda. Tienen las orejas grandes y paradas.

Manadas de lobos

Los lobos grises son animales **sociables**. Viven y cazan en manada. Cada manada normalmente tiene entre 6 y 10 lobos.

Cazan a sus **presas** en manada. Comen venados y alces. También comen otros mamíferos más pequeños. Incluso comen peces, reptiles y frutas.

Un lobo macho lidera la manada. También hay una hembra líder. Este macho y esta hembra se llaman la pareja alfa. Son normalmente los únicos lobos que tienen crías.

Crías de lobos grises

Nacen entre 4 y 7 lobeznos en una **camada** de lobos. Los lobeznos nacen en una **guarida**. La guarida los mantiene calientes y a salvo. Permanecen en su guarida alrededor de 6 semanas.

La manada cuida de los lobeznos. Los lobeznos pueden cazar a los 10 meses aproximadamente. Poco después algunos se van para unirse a otras manadas.

Más datos

- Los lobos grises aúllan para comunicarse.
- Cada lobo tiene una forma única de aullar. Los aullidos son como las huellas dactilares de las personas. No hay dos iguales. ¡Los otros lobos saben exactamente quién está aullando!
- ¡Un lobo puede comer 20 libras (9 kg) de carne en una comida!

Glosario

camada – todas las crías nacidas a la vez de una madre.

guarida – hogar de un animal, normalmente bajo tierra o en la ladera de una montaña.

hábitat – espacio donde generalmente vive un animal de manera natural.

presa – animal que ha sido cazado para comérselo.

sociable – que por naturaleza no vive y crece solo, sino en grupo.

Índice

abdokids.com

¡Usa este código para entrar en abdokids.com y tener acceso a juegos, arte, videos y mucho más!